GÜTERSLOHER
VERLAGSHAUS

Gütersloher Verlagshaus. Dem Leben vertrauen

DIETRICH BONHOEFFER

Von guten Mächten wunderbar geborgen

Gütersloher Verlagshaus

Von guten Mächten wunderbar geborgen

Von guten Mächten treu und still umgeben
behütet und getröstet wunderbar, -
so will ich diese Tage mit euch leben
und mit euch gehen in ein neues Jahr;

noch will das alte unsre Herzen quälen
noch drückt uns böser Tage schwere Last,
Ach Herr, gib unsern aufgeschreckten Seelen
das Heil, für das Du uns geschaffen hast.

Und reichst Du uns
den schweren Kelch, den bittern,
des Leids, gefüllt bis an den höchsten Rand,
so nehmen wir ihn dankbar ohne Zittern
aus Deiner guten und geliebten Hand.

Geborgenheit

Doch willst Du uns noch einmal Freude schenken
an dieser Welt und ihrer Sonne Glanz,
dann woll'n wir des Vergangenen gedenken,
und dann gehört Dir unser Leben ganz.

Laß warm und hell die Kerzen heute flammen
die Du in unsre Dunkelheit gebracht,
führ, wenn es sein kann, wieder uns zusammen!
Wir wissen es, Dein Licht scheint in der Nacht.

Wenn sich die Stille nun tief um uns breitet,
so laß uns hören jenen vollen Klang
der Welt, die unsichtbar sich um uns weitet,
all Deiner Kinder hohen Lobgesang.

Von guten Mächten wunderbar geborgen
erwarten wir getrost, was kommen mag.
Gott ist bei uns am Abend und am Morgen,
und ganz gewiß an jedem neuen Tag.

Geborgenheit

Freude lebt von der Stille und von der Unbegreiflichkeit.

Freude

Du hast eine glückliche Anlage in dir:
Du kannst dich freuen.
Freue dich soviel du kannst:
Freude macht stark.
Sich freuen heißt in allem Gott sehen
und seine Liebe, dort,
wo es heiter und freundlich aussieht,
aber auch dort,
wo es einmal nicht so geht,
wie du es wohl wünschtest.
Das ist nicht ganz leicht.

Freude

Draußen ist ein trüber Regentag, der so recht zu dem vergeblichen Warten auf Klärung und Aufhellung paßt. Aber wir wollen keinen Augenblick vergessen, für wie vieles wir dankbar sein müssen und wie viel Gutes wir immer noch erfahren; ich brauche dabei nur an Dich zu denken und jede kleine Trübung der Seele wird wieder hell. …

Auszug eines Briefes Dietrich Bonhoeffers an seine Verlobte, 12. August 1943

Licht

In mir ist es finster, aber bei dir ist Licht
ich bin einsam, aber du verläßt mich nicht
ich bin kleinmütig, aber bei dir ist die Hilfe
ich bin unruhig, aber bei dir ist Frieden
in mir ist Bitterkeit, aber bei dir ist die Geduld
ich verstehe deine Wege nicht, aber du weißt
den rechten Weg für mich.

Licht

Wo Gottes Wort bei mir ist,
finde ich in der Fremde
meinen Weg,
im Unrecht mein Recht,
in der Ungewißheit meinen Halt,
in der Arbeit meine Kraft,
im Leiden die Geduld.

Hoffnung

Ich glaube, daß mir nichts Sinnloses widerfährt und daß es für uns alle gut so ist, wenn es auch unseren Wünschen zuwiderläuft. Ich sehe in meinem gegenwärtigen Dasein eine Aufgabe und hoffe nur, daß ich sie erfülle. Von dem großen Ziel her gesehen sind alle Entbehrungen und versagten Wünsche geringfügig.

Hoffnung

Das >Christliche< ist nicht etwas jenseits des Menschlichen, sondern es will mitten im Menschlichen sein. Das >Christliche< ist nicht ein Selbstzweck, sondern es besteht darin, daß der Mensch als Mensch vor Gott leben darf und soll.

Glaube

Glauben empfangen wir von Gott immer nur so viel,
wie wir für den gegenwärtigen Tag gerade brauchen.
Der Glaube ist das tägliche Brot, das Gott uns gibt.

Mit Gott tritt man nicht auf der Stelle,
sondern man beschreitet einen Weg.

Wünsche, an die wir uns zu sehr klammern, rauben uns leicht etwas von dem, was wir sein sollen und können, Wünsche, die wir um der gegenwärtigen Aufgaben willen immer wieder überwinden, machen uns – umgekehrt reicher. Wunschlosigkeit ist Armut. Es gibt erfülltes Leben trotz vieler unerfüllter Wünsche.

Gebet

Die Kraft des Menschen ist das Gebet.

Beten ist Atem holen aus Gott.

Beten heißt sich Gott anvertrauen.

Das Gebet ist das Herz christlichen Lebens.

Gebet

Vor mir hängt Dein Bild, mit dem ich mich wochenlang begnügen muß, aber nun höre ich wieder Deine Stimme. Dein Lachen – nicht wahr, auch wenn wir lachen, sind wir ein bißchen traurig? – ich sehe Deine Augen, ich spüre Deine Hand. Alles ist wieder ganz wirklich. Wie soll ich Dir für alles danken; ich kann es nicht, ich kann Dir nur sagen, daß alles gut ist, wenn Du bei mir bist. …

Auszug eines Briefes Dietrich Bonhoeffers an seine Verlobte, 10. November 1943

Glück

Dies ist ein Augenblick, in dem man so viel zu sagen hat, daß man eigentlich nur schweigen kann. Das Herz ist so voll von guten, friedlichen und dankbaren Gedanken und es weiß sich so geborgen vor allen Gefahren und Anfechtungen, daß es etwas abgeben möchte von dem, was es unverdient empfangen hat. …

Auszug eines Briefes Dietrich Bonhoeffers an seine Verlobte, Heilig Abend 1943

Glück

Die Liebe kann warten, lange warten, bis zum letzten warten.
Sie wird nie ungeduldig, sie will nichts übereilen und erzwingen.
Sie rechnet mit langen Zeiträumen.

Liebe

Wo zwei Menschen
alles voneinander wissen,
wird das Geheimnis ihrer Liebe
zwischen ihnen unendlich groß.
Und erst in dieser Liebe verstehen sie einander,
wissen sie voneinander,
erkennen sie einander ganz,
und doch, je mehr sie einander lieben
und in der Liebe voneinander wissen,
je tiefer erkennen sie das Geheimnis ihrer Liebe.
Also das Wissen hebt das Geheimnis nicht auf,
sondern vertieft es.
Daß der andere mir so nahe ist, das ist das größte Geheimnis.

Ein Mensch, der betet, kann nicht mehr Angst haben
und nicht mehr traurig sein.
Im Gebet ist Christus, ist Gott uns nahe.

Nähe

Sieh den Menschen in die Augen
dann wirst du wissen, wie sie es meinen.
Merke darauf, wie die Menschen lachen.
Höre, wie die Menschen
von ihren Eltern reden.
Höre, wie sie von Gott reden.

Nicht der fernste Mensch
ist uns das größte Geheimnis,
sondern gerade der Nächste.

Nähe

Wer bin ich?

Wer bin ich? Sie sagen mir oft,
ich träte aus meiner Zelle
gelassen und heiter und fest
wie ein Gutsherr aus seinem Schloß.

Wer bin ich? Sie sagen mir oft,
ich spräche mit meinen Bewachern
frei und freundlich und klar,
als hätte ich zu gebieten.

Wer bin ich? Sie sagen mir auch,
ich trüge die Tage des Unglücks
gleichmütig, lächelnd und stolz,
wie einer, der Siegen gewohnt ist.

Dunkelheit

Bin ich das wirklich, was andere von mir sagen?
Oder bin ich nur das, was ich selbst von mir weiß?
Unruhig, sehnsüchtig, krank, wie ein Vogel im Käfig,
ringend nach Lebensatem, als würgte mir einer die Kehle,
hungernd nach Farben, nach Blumen, nach Vogelstimmen,
dürstend nach guten Worten, nach menschlicher Nähe,
zitternd vor Zorn über Willkür und kleinlichste Kränkung,
umgetrieben vom Warten auf große Dinge,
ohnmächtig bangend um Freunde in endloser Ferne,
müde und leer zum Beten, zum Denken zum Schaffen,
matt und bereit, von allem Abschied zu nehmen?

Wer bin ich? Der oder jener?
Bin ich denn heute dieser und morgen ein andrer?
Bin ich beides zugleich? Vor Menschen ein Heuchler
und vor mir selbst ein verächtlich wehleidiger Schwächling?
Oder gleicht, was in mir noch ist, dem geschlagenen Heer,
das in Unordnung weicht vor schon gewonnenem Sieg?

Wer bin ich? Einsames Fragen treibt mit mir Spott.
Wer ich auch bin, Du kennst mich, Dein bin ich, o Gott!

Dunkelheit

Herr Gott,
großes Elend ist über mich gekommen.
Meine Sorgen wollen mich erdrücken,
ich weiß nicht ein noch aus.
Gott, sei gnädig und hilf.
Gib Kraft zu tragen, was du schickst,
laß die Furcht
nicht über mich herrschen.

Angst

Nicht nur die Angst ist ansteckend,
sondern auch die Ruhe und die Freude,
mit der wir dem jeweils Auferlegten begegnen.

Denken und Handeln im Blick auf die kommende Generation,
dabei ohne Furcht und Sorge jeden Tag bereit sein zu gehen –
das ist die Haltung, die uns praktisch aufgezwungen ist
und die tapfer durchzuhalten nicht leicht, aber notwendig ist.

Die Angst ist ein Netz,
das uns der Böse überwirft,
damit wir uns verstricken
und zu Fall kommen.
Wer Angst hat, ist schon gefallen.

Das Böse

Es gehört zu den erstaunlichsten,
aber zugleich unwiderleglichsten Erfahrungen,
daß das Böse sich
– oft in einer überraschend kurzen Frist –
als dumm und unzweckmäßig erweist.

Das Böse

Ich glaube,
daß Gott aus allem,
auch aus dem Bösesten,
Gutes entstehen lassen kann und will.
Dafür braucht er Menschen,
die sich alle Dinge
zum Besten dienen lassen.
Ich glaube,
daß Gott uns in jeder Notlage
so viel Widerstandskraft geben will,
wie wir brauchen.
Aber er gibt sie nicht im Voraus,
damit wir uns nicht auf uns selbst,
sondern allein auf ihn verlassen.

Widerstand

Wir müssen es auch riskieren,
anfechtbare Dinge zu sagen,
wenn dadurch lebenswichtige Fragen
aufgerührt werden.

Widerstand

Verantwortung und Freiheit sind einander korrespondierende Begriffe. Verantwortung setzt sachlich – nicht zeitlich – Freiheit voraus, wie Freiheit nur in der Verantwortung bestehen kann. Verantwortung ist die in der Bindung an Gott und den Nächsten allein gegebene Freiheit des Menschen.

Freiheit

Nicht das Beliebige, sondern das Rechte tun und wagen,
nicht im Möglichen schweben, das Wirkliche tapfer ergreifen,
nicht in der Flucht der Gedanken, allein in der Tat ist die Freiheit.
Tritt aus ängstlichem Zögern heraus in den Sturm des Geschehens,
nur von Gottes Gebot und deinem Glauben getragen,
und die Freiheit wird deinen Geist jauchzend empfangen.

Freiheit

… nicht aus dem schweren Boden der Erde,
sondern aus freiem Gefallen
und freiem Verlangen des Geistes,
der nicht des Eides noch des Gesetzes bedarf,
wird der Freund dem Freunde geschenkt. …

Freundschaft

Es gibt kaum ein beglückenderes Gefühl als zu spüren,
daß man für andere Menschen etwas sein kann.
Dabei kommt es gar nicht auf die Zahl,
sondern auf die Intensität an.
Schließlich sind eben die menschlichen Beziehungen
doch einfach das Wichtigste im Leben.

Nur aus dem Frieden
zwischen zweien und dreien
kann der große Friede
einmal erwachsen,
auf den wir hoffen.

Frieden

Es gibt keinen Weg zum Frieden auf dem Weg der Sicherheit.
Denn Friede muß gewagt werden, ist das eine große Wagnis
und läßt sich nie und nimmer sichern.
Friede ist das Gegenteil von Sicherung.
Sicherheiten fordern heißt Mißtrauen haben,
und dieses Mißtrauen gebiert wiederum Krieg.
Sicherheiten suchen heißt sich selber schützen wollen.

Frieden

Nicht nur die Schwachen brauchen die Starken,
sondern die Starken können auch nicht ohne die Schwachen sein.
Die Ausschaltung der Schwachen ist der Tod der Gemeinschaft.

Stärke

*O*ptimismus ist seinem Wesen nach keine Ansicht über die gegenwärtige Situation, sondern er ist eine Lebenskraft, eine Kraft der Hoffnung, wo andere resignieren, eine Kraft, den Kopf hochzuhalten, wenn alles fehlzuschlagen scheint, eine Kraft, Rückschläge zu ertragen, eine Kraft, die die Zukunft niemals dem Gegner überläßt, sondern sie für sich in Anspruch nimmt.

Stärke

Liebe Eltern! 14. April 1943

Vor allem müßt ihr wissen und auch wirklich glauben, daß es mir gut geht. … Eine so starke innere Umstellung, wie sie eine so überraschende Verhaftung mit sich führt, die Nötigung, sich innerlich zurecht- und abzufinden mit einer völlig neuen Situation, – das alles läßt das Körperliche völlig zurücktreten und unwesentlich werden; und das empfinde ich als eine wirkliche Bereicherung meiner Erfahrung. Alleinsein ist für mich ja nicht etwas so Ungewohntes wie für andere Menschen und ist sicher ein gutes seelisches Dampfbad. Quälend ist oder wäre nur der Gedanke, daß Ihr Euch um mich ängstigt und quält, daß Ihr nicht richtig schlaft und eßt.

Trost

Ich bin allein.
Da ist keiner,
dem ich mein Herz ausschütten kann.
So tue ich es vor mir selbst
und vor dem Gott,
zu dem ich schreie.
Es ist gut,
sein Herz auszuschütten
in der Einsamkeit
und den Kummer
nicht in sich hineinzufressen.

Trost

Jeder neue Morgen ist ein neuer Anfang unseres Lebens.
Jeder Tag ist ein abgeschlossenes Ganzes.

Vertrauen

Wir wissen,
daß es zu dem Verwerflichsten gehört,
Mißtrauen zu säen und zu begünstigen,
daß vielmehr Vertrauen,
wo es nur möglich ist,
verstärkt und gefördert werden soll.
Immer wird uns das Vertrauen
eines der größten, seltensten
und beglückendsten Geschenke
menschlichen Zusammenlebens bleiben.

Vertrauen

Kurzbiografie

1906 - 1933

Dietrich Bonhoeffer wurde am 4. Februar 1906 in Breslau als sechstes von acht Kindern der Eheleute Karl und Paula Bonhoeffer geboren. Als Dietrich sechs Jahre alt war, zog die Familie nach Berlin, wo er seine Schulzeit verbrachte. Im Anschluss an sein Studium der Evangelischen Theologie in Tübingen und Berlin, legte er 1928 das Erste Theologische Examen ab und ging für ein Jahr nach Barcelona, um in der dortigen deutschen Gemeinde als Vikar zu arbeiten. Nach dem anschließenden Zweiten Theologischen Examen absolvierte er ein Studienjahr in New York. 1931 kehrte Bonhoeffer in ein bereits im Umbruch befindliches Deutschland zurück, wurde Privatdozent und Studentenpfarrer in Berlin und begann mit seiner ökumenischen Arbeit.

1933 - 1943

Bonhoeffer stand direkt nach Hitlers Machtergreifung in der kirchlichen Opposition. Er übernahm zunächst ein Auslandspfarramt in London, wo er über die Lage in Deutschland berichtete, für den Widerstand Kontakte knüpfte und sich für emigrierte Juden einsetzte. 1935 kehrte Bonhoeffer nach Deutschland zurück und leitete ein illegales Predigerseminar, um künftige Pfarrer auszubilden und auf ihre schwierige Arbeit in der Bekennenden Kirche vorzubereiten. Bereits zwei Jahre später wurde das Seminar polizeilich geschlossen, die Arbeit jedoch im Untergrund fortgesetzt. 1939 brach Bonhoeffer einen erneuten New York-Aufenthalt ab und verließ die Sicherheit Amerikas, da er sich für sein Land, seine Familie und seine Freunde verantwortlich fühlte. Er begann nun, auch politisch für den Widerstand zu arbeiten und nutzte seine Tätigkeit als V-Mann des Geheimdienstes, um im Ausland Unterstützung zu finden.

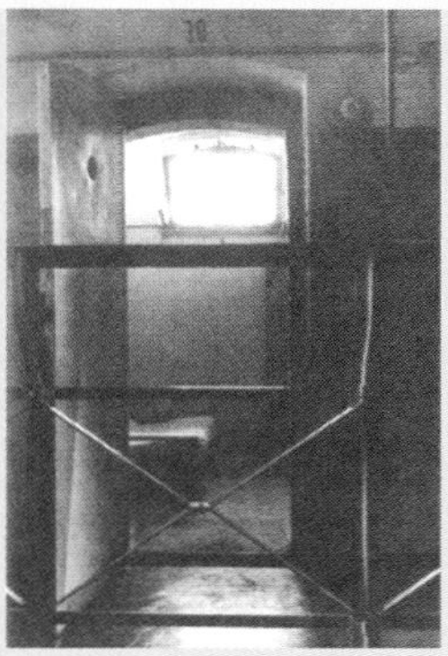

1943 - 1945
Kurz nach seiner Verlobung mit der jungen Maria von Wedemeyer 1943 wurde Bonhoeffers Tätigkeit entdeckt, und er kam in das Gefängnis Berlin-Tegel. Nach einer Verlegung in das Hauptgefängnis der Gestapo in der Prinz-Albrecht-Straße und einer anschließenden Deportation nach Buchenwald, wurde er von Hitler zum Tode verurteilt und am 9. April 1945 im Konzentrationslager Flossenbürg hingerichtet.

Sein Vermächtnis
Bonhoeffers Leben und seine Texte zeugen von einem Menschen, der sich mit Mut, Klugheit und Vertrauen bedingungslos für die Menschlichkeit einsetzte. Aufzeichnungen und Briefe, die aus der Haft herausgeschmuggelt werden konnten, wurden nach dem Krieg unter dem Titel "Widerstand und Ergebung" veröffentlicht und machten ihn zum meistgelesenen Theologen unserer Zeit. Der Band enthält u.a. die bekannten Gedichte "Von guten Mächten" und "Wer bin ich?", die seine Gedanken und Gefühle während der Haft reflektieren. Neben seinen Tätigkeiten in der Kirche und im Widerstand blieb es Bonhoeffer stets wichtig, auch theologisch zu arbeiten. Zu seinen Werken gehören die Dissertation "Sanctorum Communio" und die Habilitationsschrift "Akt und Sein" sowie "Schöpfung und Fall", "Nachfolge", "Gemeinsames Leben" und "Ethik". Eine vollständige historisch-kritische Ausgabe seiner Arbeiten und weiterer Dokumente seines Lebens ist in der Edition Chr. Kaiser erschienen.

Bibliografische Information der Deutschen Nationalbibliothek
Die Deutsche Nationalbibliothek verzeichnet diese Publikation in der Deutschen Nationalbibliografie; detaillierte bibliografische Daten sind im Internet unter http://dnb.d-nb.de abrufbar.

Quellen:
(DBW = Dietrich Bonhoeffer Werke, © Gütersloher Verlagshaus, Gütersloh)
S. 4, 5 (1. Doppelseite Text): DBW 8, 607f.; S. 6: DBW 12, 458; S. 7: DBW 10, 540f.; S. 8, 16, 17: Brautbriefe Zelle 92. Dietrich Bonhoeffer - Maria von Wedemeyer 1943 - 1945, hrsg. Ruth-Alice von Bismarck und Ulrich Kabiz, C. H. Beck, München; S. 9: DBW 8, 204f.; S. 10: DBW 15, 530; S. 11: DBW 8, 421; S. 12: DBW 6, 404; S. 13: DBW 15, 508; S. 14: DBW 8, 358f.; S. 15: DBW 10, 544; S. 18, 19: DBW 13, 388, 361; S. 20: DBW 10, 573; S. 21: DBW 10, 544; DBW 13, 360; S. 22, 23: DBW 8, 513f.; S. 24: DBW 8, 208; S. 25: DBW 8, 36, 226; S. 26: DBW 13, 345; S. 27: DBW 8, 29; S. 28: DBW 8, 30; S. 29: DBW 8, 202; S. 30: DBW 6, 283; S. 31: DBW 8, 571; S. 32: DBW 8, 586; S. 33: DBW 8, 567; S. 34: DBW 15, 272; S. 35: DBW 13, 300; S. 36: DBW 5, 80; S. 37: DBW 8, 36; S. 38: DBW 8, 43f.; S. 39: DBW 14, 854; S. 40: DBW 14, 871; S. 41: DBW 8, 31.

Alle Bonhoeffer-Texte folgen der Original-Schreibweise.

4. Auflage, 2009

Umschlaggestaltung: schwecke.mueller Werbeagentur GmbH, München
Umschlagbild: getty images
Reproduktionen: redhead, Steinhagen
Fotos Innenteil: Wolfgang Kabisch, Gütersloh
Fotos Bonhoeffer: Verlagsarchiv
Druck und Einband: Těšínská Tiskárna, Česky Těšín
Printed in Czech Republik
ISBN 978-3-579-07121-3

www.gtvh.de